PROMETO

NO BESARTE

Mónica Parra

© Mónica Parra Asensio
Primera edición: Enero, 2019

ISBN-13: 9781794419162

Nadie me salvará de este naufragio
si no es tu amor, la tabla que procuro,
si no es tu voz, el norte que pretendo.

El silbo vulnerado
Miguel Hernández

A Bruno, con todo mi amor,
por salvarme.

CADENAS DE PAPEL

Pronto regresarás.
Ese día me ataré
con cadenas de papel
para no ir a buscarte
y miraré nuestra estrella
y veré tus ojos errantes.

TIERRA SECA

Tierra árida que te niegas a dar fruto.
Tierra ingrata que careces de alma.
Agrietada tu faz por un sol despiadado,
por un sol que te seca la sangre,
sonríes a veces y me pareces buena.

Te perdono en invierno
cuando veo los almendros floridos.
Te perdono cuando, generosa,
premias a los que viven en ti, de ti.

No es fácil alimentar a los hijos
con la leche consumida en los pechos.
No bastan sus lágrimas para aliviar tu sed.
Pero siguen llorando por dentro,
enterrando la simiente en el suelo,
luchando a muerte contra el desierto.

SUCUMBIR

Lloro porque me estoy rindiendo.
Lloro porque me quiero rendir.
Me aferro a las grietas de mi alma,
me doy miedo: quiero sucumbir.
Mi voluntad se quiebra a golpes,
se desangra por la raíz.
Ya desciendo los peldaños
de esta escalera sin fin,
de este precipicio sin fondo
que cae, que invita a morir.
Olvidando la cordura
me dejo arrastrar hacia ti,
volando con alas mojadas,
eligiendo sólo sentir.
Rompo invisibles cadenas
y a mi perdición digo: sí.

EL ALMA PERDIDA

Deambulo por las calles, perdida,
entre escombros de gastadas pasiones;
busco a mi alma mortalmente herida.

Quedó enredada entre viejas canciones,
confundió fantasía y realidad
y se marchó cargada de ilusiones.

La música se apagó, la verdad
se tornó dolorosamente fría,
el alma perdió su ingenuidad.

Decidme si anda de noche o de día,
si camina descalza o desnuda,
si como un niño maltratado huía.

Quiero darle mi voz a esa alma muda
que ya no recita versos de amor,
mostrarle la vida dulce aunque cruda.

CAUCE SECO

Porque duerme sola el agua
amanece helada.
Lírica tradicional

No quiero quedarme sola,
ni vacía como un eco.
No quiero secarme en vida
sino dar flor, fruto, hueso.
Que el alma no se me agriete
ni mi vientre esté desierto.
Dame agua de tu boca
con la que regar mi cuerpo,
dame la luz de tus ojos
para abonar este huerto,
que me estoy volviendo mala
de tragar tanto veneno.
Ya mi sangre sabe amarga,
como vestirse de duelo,
ya el corazón agoniza
como pez en cauce seco.
No quiero morirme sola,
mirándome en el espejo,

con la carne malgastada,
durmiendo, fría, en el suelo.

UN MAL SUEÑO

No tienes rostro sino ojos, labios.
No tienes cuerpo sino piel y manos.
Imposible como el verso perfecto
acudes a mí a abrasarme el alma
con la mirada soñadora de tu iris,
con el roce etéreo de tu boca,
con el fuego, la locura...el engaño,
para dejarme muerta, hecha cenizas,
consumida y sola y dolorida
hasta lo más profundo de mi pecho.
Me sabes a hiel, a naranja amarga.
Hueles a opio y a vino y a veneno.
¡Oh, sal, vete! Me quemas las entrañas.
Deja que el agua fluya. Quiero paz.

MI NIÑO

Te daría, gota a gota,
toda —caliente— mi sangre.
Me pincharía en un dedo
para que tú la bebieses.
Como una madre, mojar
tu boquita con mi leche,
acunar tu cuerpecillo
entre una nana y mi pecho.
Pero tú no eres un niño.
Ellos no envenenan, crueles,
las palabras. Ellos lloran.
Ellos abaten su orgullo
y esbozan una sonrisa;
cuando caen, se levantan.
Sé que tienes miedo, niño,
de mí. Tiemblas y te dejas
vencer. No huyas. No quiero
perder lo que nunca tuve.

MI TENTACIÓN

Mi tentación tiene
aspecto aniñado,
malicia en los ojos
y mucho descaro.
Gusta de acertijos,
de un enmascarado
hablar y de enredos,
de dulces engaños.
Su lengua es de sierpe;
su corazón, claro
con sombras y esquinas;
su canto es amargo
mas ríe y me tienta
con sutiles brazos;
me seduce, ¡loco!,
me busca, olvidado
de celos y duelos,
del amigo de años.
Entonces se aleja,
mas vuelve, callado,
de nuevo a mirarme
adentro, despacio.

El fondo del alma
es oscuro y extraño.

VERDES COMO EL MAR

A Bécquer

En una noche muy fría
observaba agazapada
tus ojos verdes de gato,
verdes como el mar sonoro,
inquietos como sus olas.
Yo quería atraparlos
como a una mariposa,
saborear su misterio,
con mi red de ojos y labios
apresarlos para siempre.
Y ellos revoloteaban
del mar ruidoso a mi boca,
de mi boca a una estrella,
de la estrella a mis ojos.
Se posaron en los míos
y fue la mirada cómplice
y la palabra callada:
quise leer su poesía,
quise entonar su canción,
quise amar su hermoso brillo,

deseé tanto... y no pude,
no pude sino mirarte
durante toda la noche,
minuto a minuto verte
sonreír en la distancia,
un abismo de dos pasos
que me alejaba de ti.

Y de nuevo amaneció,
y murió el mar en la playa,
y terminó la hora mágica
cuando todo era posible,
incluso, que me quisieras.

EN EL CHARCO DE SANGRE

A ese monstruo interior,
a ese ser paleolítico
que mata por instinto
o por diversión, a ese
lado oscuro de todos,
yo quiero conjurar.
Borrarlo de los ojos
de los niños, secarlo
de los charcos de sangre,
agotar su odio inmenso.
Pero cae la noche
negra que oculta todo...

Dadme todos la luz
para alumbrar el rastro
cruel que mancha la tierra,
el cielo y nuestras manos.

EL INCENDIO Y LA CALMA

Has venido a soplar
sobre mi mar en calma,
has venido a minar
mi paz y mi confianza.
Has llegado arrasando
con todas mis murallas.
Un haz de tu luz verde
ha iluminado mi alma,
incendiando rincones
míos con tus palabras.
Un pacto entre los dos,
con tus sabias miradas,
has sellado, muy hábil:
la boca, ¡chist!, callada.

SIN TREGUA

Te di mil nombres secretos
que jamás desvelaré.
Te entregué mis ilusiones.
Te ofrecí mi breve historia.
Me ofrecí entera, desnuda,
con unas pocas palabras
que cubrían mi pudor.
Te amé por primera vez
conociéndote de siempre,
confiando con fe ciega
en ti; me vendé los ojos
y sólo miré los tuyos.
Te lo di todo, sin tregua,
sin oír ningún consejo,
rindiéndome a tu mirada,
viviendo el presente eterno.

MI NOMBRE

Mi nombre en tu boca.
Mi cuerpo sonoro
en tus labios. Mi alma,
mi forma, en tu voz.
Mi palabra es tuya.
Le insuflas tu aliento,
le das tu sabor,
la llenas de vida,
de dulces matices:
con tu picardía
la tiñes de rojo,
de uva jugosa;
con salados besos
la tiñes de mar.
Un viento de carne,
mi nombre hechizado,
se acerca a mi oído.
Me llamas y tiemblo.
Mi palabra es nuestra.
Grabada con fuego
brilla en tu mirada.

NOSTALGIA

Te quiero con nostalgia.
Mi amor es añoranza
de lo que sentí.
Mi amor vive de recuerdos.
El tiempo sólo los endulza
y difumina más.

Te quiero con nostalgia.
Con contradicciones.
Con resignación.
Porque no puedo hacer
sino quererte.
Porque entre el bien y el mal
elijo quererte.

Te quiero. Te quiero. Te quiero.
Mi corazón me lo dice a gritos
o en un susurro,
una y otra vez.

Sí.
Tú eres el amor que necesito.

21

Ah, si tú...
si tú me dejaras tus manos,
las besaría con fruición.

Ah, si tú te abandonaras,
mi dios, en mí.

Muéstrame el camino.
Estoy ciega de fe
y de amor por ti.
Tu voluntad es mi destino.
Que tus ojos se posen
en mí con firmeza,
pero con dulzura.
Que tus manos
modelen mi arcilla,
porque no soy
más que barro
entre tus dedos.

Mi amor es sólo nostalgia.
Pero también dolor en el corazón,
amargura en las venas,
vacío en los brazos,
lo imposible hecho hiel en la boca.

Nostalgia.
La paladeo, la saboreo:
es dulce y triste.

Dulces son, a veces, tus palabras.
Triste, que mi amor caiga
de rodillas en el suelo,
y nadie se apiade.

El tiempo
pasa por mi cuerpo
y por mi alma.
Y sólo me trae...
Nostalgia.

LLORAD CONMIGO

Lloro de rabia. De impotencia.
Caen en el suelo mis lágrimas
en un amasijo de muerte.
La sierra se viste de luto
en este amanecer de duelo.
El sur, tocado de desgracia,
llora por sus bosques perdidos,
por el desierto que se acerca.
Han volado todos los pájaros,
han ardido todos los árboles.
Se ha cubierto el monte de sombra
amarga y el alma del hombre
de dolor. Que lloren las nubes
y laven el rostro quemado
de la tierra. Llorad conmigo.

EL ORO Y LA SANGRE

Esta espera me angustia.
Empujo con los cuernos,
con mi alma, con furia.
Desesperado, escarbo
en la tierra, ya huelo
la tortura en el aire.
De repente estoy libre
bajo un sol cegador.
Arremeto furioso
contra unas sombras rojas;
corro exhausto, sin rumbo.
La arena es un espejo
de fuego que me abrasa
y entorpece mis patas.
Estoy cansado y débil.
Nada pueden mis cuernos.
Si pudiera huir
del círculo de muerte
que sobre mí se cierra,
volvería a los pastos,
a las verdes llanuras,
sin esta luz ardiente

ni el dolor desgarrante
que siento en el costado...

La sangre derramada
era mi sangre brava.

CASTILLOS EN EL AIRE

Sólo poseo barro
y deseo cristal,
sólo poseo piedra
y deseo mármol.
Para mis manos pobres
desearía alhajas,
para mi cuerpo áspero,
sedas y burbujas;
alfombras de oriente
para mis pies.
Quisiera regalarme
con frutas exóticas,
con dulces delicados,
con fragante perfume,
con caprichos vanos;
adorarme en los espejos
vestida de raso,
sonreír a cada instante:
todo es tan fácil,
nada hay amargo,
nada hay triste
ni sucio ni torpe.

27

Nada hay real.

EL DESEO DORMIDO

¿Despertará el deseo
dormido, polvoriento,
entre hojas amarillas,
entre líneas dispersas
de un pasado difuso,
borroso como un libro
ajado por los años?
¿Palpitará la sangre
con su urgente llamada?
¿Correrá alborotada
por los cauces antiguos,
mojando el corazón,
seco ya de recuerdos?
¿Recorrerán los ojos
de punta a punta el cuerpo,
apenas esbozado,
dibujando el contorno
con la nueva mirada,
después de largo tiempo?
¿Hallarán el camino
las manos temblorosas,
perdidas entre el cuello

y la suave cintura?
¿Sentirá sed la boca
de besos nunca dados,
de suspiros ahogados
en el pecho? ¿Sabrá
paladear despacio,
pero morder con ansia?
¿Resucitará, en fin,
el anhelo de carne,
sediento de caricias,
ya dispuesto, entregado?

ÁTAME

Aférrate a mí,
así, fuertemente,
mas con suaves lazos,
con invisible seda.
No permitas que me
suelte de tu mano,
que me escape sola,
que el miedo y el tedio
otra vez me empujen
al frío laberinto
de noches vacías.
Cantos de sirena
me tientan, me arrastran,
con notas viajeras,
con voces distintas,
y empiezo a dudar.
Abrázame, ¿quieres?

DESIERTA

Con sólo tu nombre
traías promesas
dulces como labios
y sueños cercanos.
Con sólo tu voz
ofrecías tanto...
ansia, juego, vida.
Tan sólo en tus manos
se intuía un mundo
de caricias plenas,
de senderos sabios.
Regalabas todo
con tu gesto amable,
tu franca sonrisa.
Y en tus tiernos ojos
un inmenso océano
de luz y horizontes
se te derramaba.
Tu viento, tus olas,
agitaron mi alma,
pero se alejaron
con su tempestad

a besar otra isla,
dejándome desierta.

SIN CUERPO NI RAÍCES

¿Habrá quien me acoja,
que no me deje vagar
entre estrellas y planetas,
sin cuerpo ni raíces?
¿Habrá algún refugio
para almas perdidas?
¿Habrá algún camino
que seguir? ¿Habrá,
o será todo silencio,
todo infinito vacío?
¿Me acabaré aquí, ahora,
sin ver el mañana,
con la angustia de no saber?

A TI

A ti, tan suave y frágil,
¿cómo pude rasgarte
con palabras de acero,
con la voz afilada?
¿Cómo pude asestarte
un golpe tan certero
en el centro del dolor?
A ti, tan dulce y amable,
¿cómo pude mostrarte
mi vena más amarga?
A ti, tan maltratado
por dudas y reproches,
te alcanzó mi veneno,
helándote la sangre,
endureciendo tu alma;
y no hubo otra mejilla
a la que golpear,
y no quedaron sino
ruinas de un amor deshecho
y lágrimas de piedra.
Toda mi hiel fue devuelta.

BÉSAME

Bésame, no seas perverso.
Tu juego sutil y tibio
de miradas cargadas,
de acercarte hasta el roce,
de intimidad en palabras;
tus canciones a media voz;
tus ojos atravesándome,
viendo más allá de mí.
Tu sonrisa pícara, ambigua.
Tanto encuentro sofocado,
tanto halago soterrado,
tanto sugerir y callar.
Oh, bésame, bésame
y no me atormentes más.

SUEÑO DE CARNE

Tanto deseo acumulado
acabó estallándonos en las manos,
y se derramó por tu boca y mi boca,
por tu piel y mi piel.
Y se derramaron también
las palabras ardientes,
las palabras que abrasan el corazón
con sólo susurrarlas.
La luna desató
las ligaduras del pudor,
hizo más tibia la noche
para acogernos.
Se convirtieron en carne
los sueños.
Quizá tocamos el cielo
con la punta de los dedos.
Pero ahora pienso
que sólo subí
para caer en mayor tormento,
que sólo ardió el fuego
para dejarme
en tinieblas más profundas.

Porque te tuve tan cerca
que no podía respirar,
y ahora te alejas
y me falta el aliento.
Porque creí en tus besos
y ahora, maldito cobarde,
me partes el alma con tu miedo.

Esta noche ansío tu cuerpo.
Tu ausencia me destroza.
Las dudas me cercan,
cuestionan tus extrañas promesas,
reviven cada gesto
y lo desarman,
difuminan cada recuerdo.
No tardes, te espero,
que mi calma es de cristal
y el tiempo… de hierro.

QUE DICTEN LAS MANOS

...la noche a mí me quemaba.
La tentación de pecar
me daba frío sin ti.
Navajita Plateá

¿Cómo narrar el deseo?
¿Cómo convertir en voz
el instinto de los cuerpos?
Mis palabras son tan pálidas
sin el tono arrebolado
del calor en las mejillas,
son tan tibias, tan estrechas
que no alcanzan el abrazo.
Quisieran contar los besos,
guardar la dulce memoria.
Quisieran hacerse carne
y recibir tus caricias.
Quisieran estremecerse
al contacto de tu piel,
abstraerse en tu mirada.
Pero no saben hablar
de la sangre alborotada,

que llama a todas las puertas
con ese latido urgente,
ni del latido pausado
que te canta y te cobija.
Mis palabras son tan torpes,
tímidas y temblorosas.
Deja que dicten las manos,
sabias, y callarán ellas.

VOY A ESPERARTE

Voy a esperarte, amor.
Aunque esté sin tus besos
y tu silencio me duela,
aunque me esquiven tus ojos,
aunque huyas de mi lado.
Voy a esperarte, niño.
Porque no puedo evitarlo,
porque me sentí tuya
con tu primera mirada,
porque adivinas mi alma,
porque en tu boca es muy dulce
oír mi nombre secreto.
Aguardaré tu regreso,
con tu imagen desgastada
de tanto mirarla,
reviviendo los recuerdos
para que no se pierdan,
confiando, creyendo en ti.
Voy a esperarte, siempre.

PERDÓNAME

Perdóname la rebeldía,
la impaciencia,
la altivez.
Perdona mi flaqueza,
mi desesperanza,
mi poca fe.
Olvida mis quejidos,
el ansia de mi alma,
mi pequeñez.
Que debiera estar alegre,
cantar a lo que amo:
reír y agradecer.
Tanto corazón palpitando,
tanta hermosura,
vida por florecer.
Y mi pecho se achica:
el corazón inquieto
quiere creer.
Pero me falta coraje,
tus manos, tu amor,
Padre: ilumíname.

TAN SOLA

Estaba tan sola
y hallé tu sonrisa.
Me sentía perdida
y me hallé en tus ojos.
Para guardar mi alma
buscaba rincones
en mi mundo oscuro.
Llegaste despacio,
a darme tu abrazo,
a borrar mi miedo.
Viniste a mimarme,
a la niña triste,
leve como el viento;
para despertarme
de mi pesadilla,
de mi amargo sueño;
para enamorarme
de la vida ardiente,
de tus manos suaves,
del hechizo cálido
con que prometías
amor infinito.

PRESIENTO

No tardes, amor.
Sé que llegarás,
que aguardas
el instante preciso
para reunirte conmigo.
Sé que has de venir,
que sientes mi ausencia,
que respiras, como yo,
con el alma encogida
y el corazón aturdido.
Sé que buscas mis ojos,
que anhelas mi encuentro,
que necesitas compartir
tus palabras y tus silencios
en el refugio de mis brazos.
Pero el ansia, a veces,
nos traiciona,
y son otros labios,
y otras manos,
los que se acercan.
Presiento que ya estás aquí,
y mi mirada impaciente

se pierde y no halla,
escondida, nuestra esperanza.

ME CUESTA CREER

Me cuesta creer
lo que veo en tus ojos,
lo que sienten los labios,
cómo vibra mi alma.
Me cuesta creer
que estés a mi lado,
que me abraces con fuerza,
que me pidas más besos
con tu boca de niño.
Me cuesta creer
porque mi antigua fe
había muerto. Nada
esperaba ya. Nadie
vendría a mis sueños,
para susurrarles
las palabras más dulces;
nadie a mis noches,
a traerles suspiros
de fuego y caricias
que desatan la voz.
Nunca llegaría
ese amor tan negado;

nunca llegarías tú,
a llamar a mi puerta,
a romper mi letargo;
nadie cosería,
con sus dedos, mis pedazos.

SIN RETORNO

Cada decisión
estrecha el camino,
cada movimiento,
sin mirar atrás,
va cerrando puertas,
borrando salidas.
La vida se achica,
se encoge en un puño,
que aplasta con fuerza,
que asfixia las ansias
maltrechas y rotas.
Los sueños, difusos,
ceden y se olvidan
en un mar viscoso,
monótono y gris.
Mueren las quimeras,
vence lo real,
y las utopías
vuelven a sus islas,
huecas, derrotadas.
El alma mediocre
pisa la poesía,

escupe a los astros,
rey del carnaval.
Y las almas claras
van de turbio en turbio,
de esquina en esquina,
cogiendo limosna,
gastando el talento
en sobremorir.

EL VERSO

El verso olvidado en el libro
se muere de pena.
El verso que se calla
se queda dormido en el alma.
Has de leerlo, cantarlo,
saborearlo, ¡gritarlo!
Abre la puerta
de su dura cárcel,
agítalo en el aire,
sácalo de tu pecho
y cúbrelo de luz.
Saldrá un suspiro, una lágrima,
un sollozo, quizá una sonrisa.
Verás tu cuerpo, transparente,
vuelto del revés, desnudo,
sin máscara ni uñas.
Recórrelo con tus ojos:
te invitará a su morada
de sueños, de imposibles,
de turbios deseos y noches claras.
Abrirá tus ventanas
de par en par

y soplará una brisa nueva
por tus rincones,
bajo tus pies.

ILUSIÓN TRUNCADA

Sólo un poco de calor
tibio, un pequeño rescoldo
entre las mantas buscaba.
Hallar calientes tus manos
si me atenazaba el frío,
hallar cercano tu cuerpo
si me sentía lejana.
Nada de eternas promesas.
Buscaba una noche cálida.
Yo quise, yo deseé
deslizarme entre tus brazos
soñando hasta la mañana.

¿PARA QUIÉN?

¿De qué te sirve la boca
si no me dejas besarla?
¿Para qué te sirve el alma
si no puedes entregarla?
¿Para quién estás guardando
tus tesoros, tus caricias?

DE HOMBRES Y SIRENAS

Ella resplandecía
tras luces de neón.
Ella fue la sirena
que enredó con su canto
su alma, su vida entera;
fue bella pescadora
que engañó con su red
al hombre cazador.

CIELO DE SAL

Sentir el vaivén de tus olas,
en un mundo mágico,
en un cielo lleno de sal.
Sentir tus caricias,
las algas que bailan
al compás de la marea.
Sentir tu abrazo de agua,
reflejos azules y verdes
iluminando mi piel.
Descubrir tus secretos…
No temas, son sólo deseos,
anhelos de beber del mar.

EL CORAZÓN ALEGRE

Tengo el corazón alegre.
En este día de gracia
la esperanza nos envuelve.
Atrás quedaron los días
aciagos de luto y llanto.
Atrás quedó el dolor,
atrás quedó la pena.
Hoy brilla un dulce sol,
hoy te bordo este poema.

MI ALMA AGUARDA

Mi alma aguarda
en la puerta de tus ojos,
a que la mires;
en la puerta de tus manos,
a que la abraces.
Ha ido a buscar tu sonrisa,
a traerse tu aliento, tu voz.
Ha ido a descubrir
el color de tu alma, tu sabor.
Y tú entornas tus ventanas,
y dejas escapar un destello
de la luz de tu mirada,
y dejas caer una brizna
de amor hecha palabra.

ANSIA

No halla reposo mi alma.
Mi cuerpo dolorido
de deseo, mis manos
repletas de caricias,
mis brazos fatigados
de ansia y de tormento.
Que el tiempo se apresure,
que pase como un soplo.
Sin ti las horas se detienen,
boquean, agonizan.

Temo quedarme en el andén,
ver que rozaste mi vida.
Temo despertarme
sola,
con este amor inmenso,
ver que todos los sueños
se fueron contigo.

ESPINAS DE HIELO

Cuando el amor se olvida,
¿sabes tú adónde va?
G. A. Bécquer

Ayer aún era verano.
Verano de piel ardiente,
de fruta fresca y arena.
Un magma enamorado
que corría por mis venas.
Pero hoy sopla fuerte
el viento gris del olvido,
esparciendo las cenizas
del amor consumido.
Hoy ese amor se enfría,
cristaliza y se hace añicos:
siento espinas de hielo
cada vez que respiro.

A ALFONSINA STORNI

El mar me espera.
Me lame los pies.
Me aguarda, impaciente.
Yo me hundo en su seno
mojado y cálido.
Me acuna con sus olas,
con sus brazos, acalla
mi último llanto
de niño enfermo
postrado por el dolor.
Lava mis heridas.
Me envuelve con su espuma,
unge con sal mi cabeza
para el bautismo definitivo
y me abandono en sus aguas,
flotando sin pena, a la deriva.
El mar besa, bebe mis lágrimas.
Y yo me sumerjo despacio.

GRITOS Y MORDAZAS

El amor quiere ser gritado.
A. Gala

Mi amor quiere gritar, desgañitarse,
ser pájaro libre, fuera de tu ley,
porque mi amor te vence y sobrepasa.
Entonces lo amordazas, lo silencias,
lo entierras bajo frías amenazas.
Pero mi amor no resiste más trabas.
Te lo gritaré a la cara:
quiero aire para mis alas
y canto por mi garganta.
Ay, si mi amor escapara.
Ay, si pudiera volar.

NO CERCENES MIS ALAS

No me obligues a olvidarte,
a desear liberarme
del yugo de tus brazos.
No me encierres con tus besos,
ni me ates con tu mirada.
Detesto este espacio estrecho
en el que chocan mis alas
y ese corazón pequeño
que apenas me sabe a nada.
Tu mundo yermo me asfixia,
empobrece mi alma,
quiebra esa inagotable sed
que no puede ser saciada
ni con mimos ni con labios,
sólo con aire y con luz.

COSMOS

Como a una gran ventana
desearía asomarme
de puntillas y ver lejos,
tan lejos
que pudiera sentir
el aliento de Dios,
que pudiera abarcar
el principio y el fin,
el tiempo y el espacio.

EL BARRO Y LA VIDA

Alquimistas de la vida,
plagiarios de Dios.
Ansiosos, buscan la piedra
que trocará todo en oro.
Niños crueles y necios,
la desmenuzan, buscando
su aliento, su magia interior.
Pero la vida no es
botín de mercaderes.
La vida está en la rosa
y en el pez, en el aire
y en el río, en la tierra
que besa sus frutos;
en ti, mujer; en todo.
Y la quieren truncar,
vender, dominar.

HÚMEDA SINFONÍA

Raras veces es la lluvia
monótona. Siempre suena
con una música propia,
con la multitud de notas
de una húmeda sinfonía,
cristalina y acogedora.
Porque de sus leves gotas
surge un son alegre y vivo
—a veces un suave adagio,
otras, un concierto de jazz—
que lava la polvorienta
ciudad, que invita al retiro,
llena de verde los bosques,
riega los bellos rosales
y pinta mi soledad
de serena melancolía.

DESTINO DE RUTINA

No puedo continuar.
Mi cuerpo no me responde.
Mi voluntad huye, cobarde.
Todo mi ser se revela
contra mí, contra el sentido
y el orden. Quiere salir
de este ambiente enrarecido
que le asfixia, de estas cuatro
murallas llenas de polvo.
Abandonar el vacío
de estos días náufragos,
un destino de rutina
en un camino gris.

No puedo soportar
esta quietud impasible
apenas rota, apenas
perturbada; tan sólo
fracasos y nimiedades
se suceden sin cesar.
Este no avanzar nunca,
este revolotear

sin objeto, sin futuro.

No puedo seguir
atada a un presente incierto,
prolongando la línea
derrotada de mi vida.

No puedo más.

UNA FAMILIA ROTA

Si dejaras de luchar
verías en sus ojos
reflejados los tuyos
y tu carne formando
parte de la suya.

DISTANCIA

No puedo retenerte.
Miro atrás y te has ido.
El sol reseca los labios
que desearon besarte.
La lluvia borra la huella
de mis dedos en tu piel.

UNA TARDE DE VERANO

Era una tarde caliente,
quemaba el aire, la piel
ardía mojada en sudor.
Nuestros pasos convergían:
sonreías, me acercaba.
Tu voz reposada, dulce,
tus pupilas me arrastraban.
Y fue el frenesí desbocado,
la lucha inútil contra el tiempo,
mil besos entrecortados,
abrazos de eterno adiós.

LAPSUS

Tus brazos que me rodean
ya no son tus tibios brazos,
sino de un amante incierto,
ni tu voz, ni tus caricias;
todo tu ser me turba
y me pregunto quién eres
y por qué ciñes mi cuerpo.

TODAS LAS LÁGRIMAS

Voy a llorar todas mis lágrimas:
aquellas rotas por tu voz helada,
aquellas derramadas en vano,
las que nunca vieron tu regreso,
compañeras de años amargos.
Porque la peor condena
no fue tu seco repudio, sino
luchar en la niebla y la duda,
sollozando por abrazarte,
y hallar, por fin, enferma tu alma.

AMAR EN VANO

Tanto tiempo esperando,
tanto tiempo vagando
sola, de unos brazos a otros,
de un amor cruel a otro falso,
trocando unos besos fríos
por otros aún más amargos.
Tanto tiempo olvidando
cada promesa perdida,
cada mirada muerta,
cada palabra vendida.
Tanto tiempo gritando
mi alma de puro dolor,
tanto tiempo amando... en vano.

SENTÍ

Sentí cómo me abrazaban tus ojos,
qué dulce tu mirada;
sentí que me buscaban,
que latía mi corazón deshecho;
quise huir y no pude:
me ataban desde lejos,
desde mi alma desierta,
quebrando el dolor
que ronda mi pecho.
Sentí que llenaban mi soledad
de suspiros, de miedo;
que agitaban mi vida
de sombra y desencanto.
Pero son tantos recuerdos,
son las lágrimas tantas.

PARA QUEDARTE

No me tiendas tu mano
si no es para quedarte,
si no es para alcanzar
juntos todos los sueños;
no me regales nada
si no es para entregarte
por entero.

QUIÉREME LIBRE

No voy a renunciar.
No voy a abandonar
mi esencia, mi lucha, mi ser.
No voy a negar mi vida.
Mírame libre, como soy,
sin atarme con palabras
que pesan como siglos,
como duros eslabones
que encadenan para siempre.
Ven a mí con la brisa
que sopla sobre mi pelo,
con la inquietud de las olas,
con la luz del horizonte.
Tráeme tus manos de humo,
abrázame con el alma,
que sienta cerca tu sombra,
que sienta tanto tu aliento.
Mírame sin barreras,
que me quemen tus ojos
con tu verdad más honda.

A CADA PASO

Mediré nuestro camino
con caricias y besos
caídos a cada paso.

LA FELICIDAD NO TIENE HISTORIA

Acaso sí, pero una historia
narrada en voz baja.
Es un relato de amor y de plenitud,
un pulso constante
contra el abandono,
contra las heridas abiertas,
contra el rencor,
por el deseo.
Es un cuento por escribir,
una fábula sin moraleja,
mezcla sueños, risas, pizcas de furia,
pedazos de tristeza
y gran ternura.
Tiene rincones oscuros, sollozos,
turbios recovecos del alma,
pero aún quedan páginas en blanco
para que se estrechen las manos,
para que se canten los versos,
para iluminar el camino.

NUNCA PENSÉ

Nunca pensé
que podría quererte tanto.

Tu risa sincera
sacude mi alma.
Tus pequeños abrazos
inundan mi corazón.

Nunca pensé
que podría quererte tanto.

Tu voz de cristal
endulza mis sueños.
Tus ojos enormes
derriten mi temor.

Nunca pensé
que podría quererte tanto.

Que podría adorarte,
que volverías mi vida
del revés.

Nunca pensé
beber tus palabras,
contemplar tus juegos,
acariciar tu piel.

Es tan fácil
quererte tanto.

HAIKU

Duerme tranquilo.
Yo velaré tu sueño
de ángel cansado.

HUMO

Los políticos pintan
cortina de humo
para ocultar la nada.

ENAMORADA

Estoy enamorada.
De la chispa de tus ojos.
De tu pelo rebelde.
De tu boca manchada.
De tu cuerpecillo suave.
Porque no hay nada más hermoso
que tus abrazos y tus besos.
Nada más emocionante
que tu risa.

INDECISO

Te acercas y te alejas,
indeciso,
como las olas del mar.

HAIKU

Lo siento tanto…
Lamento ver tus ojos
llenos de dolor.

HAIKU

Hay tanto hielo
en tu mirada azul,
tanta tristeza.

NO ME QUIERES

No me quieres.
No me buscas.
No suena el teléfono.
No me quieres.
No me necesitas.
No llega esa carta.
No me quieres.
No me sueñas.
No entiendes nada.
No me quieres.
No me besas.
No me abrazas.
No me quieres.

ACÉRCATE MÁS

Tu voz despierta mi cuerpo.
El roce de tus manos me sumerge
en un mar agitado
de turbación y deseo.
Me falta el aire, me estremezco.
Acércate más, apaga este fuego.
Tráeme tus ojos, tus labios, tu sexo.
Acércate más, estás tan lejos…

PROMETO NO BESARTE

Prometo no esperar con ansia
cada una de tus palabras.
Y dominar las mariposas
que revolotean en mi estómago.
Y esconder las caricias
que aguardan en mis manos.
Prometo no perderme en tus ojos.
Ni desear tus labios.
Prometo no besarte,
aunque me queme la boca.
Prometo…
Ay, no puedo prometerte nada
si te acercas tanto.

ADENDA

HAMBRE

Tenía tanta hambre que se comió una palabra. Y otra. Y otra. Y otra más. Y continuó engullendo. Algunas sabían dulces, como NANA; o ácidas, como IRONÍA. Otras, amargas; esas las escupía, aunque siempre quedaba alguna migaja entre los dientes, como RENCOR, que se había quedado atascada por culpa de la pata estirada de la ruidosa R.

Tenía tanta hambre que las devoró todas. *Estoy llenísimo*, pensó. Pero no logró decirlo.

TIRAMISÚ AL AROMA DE MANDRÁGORA

Lilliam, una bruja moderna, sabe adaptarse a los nuevos tiempos: utiliza las redes sociales para organizar los aquelarres, compra los ingredientes para sus pócimas por Internet o consulta su recetario en edición digital. Sin embargo, sufre el mismo problema que las demás: los hombres. En cuento descubrían su "faceta especial", huían despavoridos. Como aquel abogado francés que bajó a la bodega en busca de un buen vino para el pescado y regresó con ojos desencajados, pues a ella se le había olvidado hablarle de la colonia de murciélagos. Por eso, porque se trataba de una cuestión antigua, pero ella era una bruja del siglo XXI, había decidido agasajar a su cita de esa noche, un deportista de ojos claros y piel oscura, con un postre actual acompañado de un toque tradicional.

—Tomaré sólo un poco, comprenderás que debo cuidarme —se excusó él con coquetería.

—Será suficiente —musitó ella.

—¿Perdón?

—He dicho que no me sorprende —y con su mejor sonrisa de anfitriona le sirvió una porción de un delicioso tiramisú.

El hombre asió su cucharilla y comenzó a degustar aquella perfecta conjunción de sabores formada por la dulce crema de mascarpone, el aromático licor que empapaba los bizcochos de soletilla y la amarga cobertura final del cacao.

—Muy bueno —alabó.

Lilliam asintió complacida, invitándolo a continuar. Y él, alentado por las magníficas perspectivas de la noche, tomó sucesivas cucharadas, y con cada una de ellas, una pizca de raíz de mandrágora alcanzaba su corazón y lo abrazaba con fuerza, y su dueño se sentía más ligero y relajado, sin prisa alguna por volver a ningún otro lugar, sin recuerdos de su vida anterior, dispuesto a quedarse para siempre.

LOS ESPANTABRUJAS

Era un espléndido día de verano y los insectos zumbaban felices tumbados al sol sobre la hierba, cuando un forastero llegó a Serós, un pueblo de hermosas casas de piedra y tejados de pizarra rodeado de bosques. Mareq, que así se llamaba el hombre procedente de las cálidas tierras del sur, quedó prendado de aquel lugar y decidió que era magnífico para vivir. Inmediatamente, adquirió un terreno y comenzó la construcción de su nueva morada. Los vecinos del pueblo le dieron la bienvenida y le advirtieron que no olvidara colocar un espantabrujas sobre la chimenea o, de lo contrario, cualquiera de esas arpías podría deslizarse por ella para colarse en su vivienda, sobre todo en invierno, cuando buscaban el calor de un hogar con que mitigar el frío de sus huesos. Tanto volar sobre la escoba, de noche, bajo el rocío, inevitablemente les pasaba factura. Sin embargo, el forastero ignoró los consejos de los lugareños, pues no creía en supersticiones y otras habladurías de la gente, así que se secó el sudor de la frente y continuó trabajando.

Llegó el otoño, pintando de amarillo, naranja y ocre los bosques, y Mareq observó con satisfacción su casa terminada. Por el contrario, sus vecinos meneaban la cabeza y murmuraban consternados que actuaba como un insensato.

* * *

Y pasaron los días, y una noche fría la caída de los primeros copos anunció el inicio del invierno. Sobre los tejados del pueblo, ateridas por la nieve que empapaba sus remendados vestidos, tres brujas, Brujilda, Brujerta y Brujona, buscaban con afán algún rincón cálido y seco, y observaban con fiera envidia a los gatos que dormitaban al amor de la lumbre.

De repente, Brujilda, la más joven, la que gozaba de mejor vista, profirió un alarido de triunfo. Había divisado entre los danzarines copos la chimenea desprotegida de la casa del forastero, una hermosa morada en que pasar el largo invierno tres brujas errantes como ellas. Señaló con su escuálido dedo su próximo destino y Brujerta y Brujona asintieron con siniestras sonrisas. Instantes después se precipitaban una tras otra por la anhelada chimenea.

Como una exhalación surgieron en el salón del forastero y con la misma urgencia procedieron a instalarse mientras se sacudían las brasas que chamuscaban sus ajados atuendos. Brujona, la más vieja, aposentó su enorme trasero en el sillón favorito de Mareq, calentito y mullido, al tiempo que las otras dos se sentaban en sendas mecedoras. El hombre, que se disponía a preparar una reconfortante sopa en la lumbre, se quedó atónito ante la desfachatez de las brujas. Y por sus caras de satisfacción estaba claro que no venían de visita, sino para quedarse. Colocó la olla sobre el fuego y tomó asiento, qué remedio, en una desvencijada silla de anea.

Y así comenzó el calvario de Mareq, pues no resultaba nada fácil convivir con tres brujas: hablaban a gritos hasta las tantas de madrugada; se burlaban de sus guisos, que, sin embargo, comían con voracidad con la excusa de probarlos; asustaban a su gato con horribles muecas:

—¡Ven, minino, ven! —le decía Brujona con una pérfida mirada, por lo que el animal, con gran prudencia, bufaba y huía espantado.

O lo asaeteaban con impertinentes preguntas: ¿De dónde vienes? ¿Por qué has venido a este pueblo? ¿No vives con alguna estúpida mujer? ¿Y no tienes sabrosos y apetecibles niños?

Afortunadamente, se dijo el forastero, vivía solo.

Pero ese constituía su único consuelo, ya que en poco tiempo, las brujas convirtieron su hogar en una jaula de grillos. Todo era desorden y confusión, permanentes voces destempladas y risas escalofriantes. Por supuesto, el gato no se atrevía a abandonar su escondite, bajo la cama de su amo. Mareq lamentaba profundamente no haber escuchado a los lugareños. ¡Qué largo e insufrible sería aquel invierno!

Decidió tragarse el orgullo, cualquier cosa antes que continuar así, y se dirigió a la casa del vecino más anciano para suplicarle ayuda. Estaba desesperado.

Sabino, un hombre viejo y sabio, lo escuchó con severo semblante. Había sido un arrogante y ahora pagaba las consecuencias. El problema era muy grave, pues no se trataba de una sola bruja, sino de tres, y se habían acomodado muy a su gusto en la casa del forastero. Los remedios habituales no surtirían efecto contra tantas arpías. Necesitaban una solución diferente, meditaba el anciano. De repente, observó al forastero con atención y le preguntó si era valiente. Él asintió. Así lo creía. No se amilanaba ante el primer peligro. Entonces Sabino le susurró algo al oído y aquel abrió los ojos espantado. Aquella era una medida desesperada, sentenció el anciano al tiempo que le palmeaba la espalda para infundirle ánimos.

Mareq abandonó la casa de su vecino cabizbajo. ¿Y si no funcionaba? ¿Y si se quedaban allí para siempre? Realmente, era una maniobra peligrosa.

Poco después, tomaba aire y abría la puerta de su usurpado hogar. Junto al fuego se encontraba Brujerta, la mediana y más discreta, que en su caso significaba la que lanzaba los chillidos menos espantosos. Preparaba algún brebaje de aspecto repugnante y peor sabor. El forastero se acercó conteniendo la respiración, fingió que aspiraba el nauseabundo aroma y exclamó lo más convincentemente que pudo:

—¡Qué bien huele! ¡Brujerta, eres una magnífica cocinera!

La bruja lo miró sorprendida, porque hasta ese momento no les había dirigido ni una sola palabra amable. En el fondo, hubieran preferido ser invitadas, pero nadie las quería. Ella le dedicó su horrible sonrisa poblada de negruzcos dientes y continuó removiendo el viscoso líquido.

Anonadado, el hombre retrocedió unos pasos y volvió a respirar, a salvo de los malolientes vapores. Parecía imposible, pero la arriesgada táctica del anciano había resultado bien. Sin embargo, aquello no era más que el principio.

Los días siguientes Mareq continuó elogiando a Brujerta y sólo a Brujerta: ahora su ropa, ahora su risa, ahora su chirriante voz... Como era de esperar, el objeto de tales atenciones se mostraba cada vez más ufana. Por el contrario, las otras, faltas de cualquier gesto de cariño, no se alegraban en absoluto por su hermana, no: la detestaban con odio creciente.

* * *

Ya comenzaba febrero cuando Mareq, muerto de miedo, arrancó unas inocentes florecillas silvestres, qué culpa tenían ellas, y entró en el salón con el humilde ramo, dispuesto a acometer la última y más ardua prueba de su dura penitencia. Si salía bien, se libraría de las brujas. Si fallaba... sería como su sentencia de muerte. El hombre carraspeó y pronunció con voz temblorosa:

—Brujerta, ¿quieres casarte conmigo?

—¡Sííí! —contestó con un terrorífico chillido la interpelada.

—¡Noooo! —aullaron las envidiosas hermanas, y de inmediato se lanzaron sobre ella propinando arañazos, mordiscos, puñetazos. Se formó tal vorágine brujeril que resultaba imposible distinguir quién era quién en el caos de brazos, piernas y pelos de estropajo revueltos.

Mareq aprovechó la ansiada ocasión y abrió la puerta de par en par, que las brujas atravesando rodando, enzarzadas en su lucha fraticida. Cuando se hartaron de molerse a golpes y se percataron de que estaban fuera, ya era demasiado tarde: el forastero había cerrado de un firme portazo y sobre la chimenea lucía el imprescindible espantabrujas.

https://www.facebook.com/monicaparraescritora/

Printed in Great Britain
by Amazon